Il piccolo salvatore del mondo 1x1

Conservazione della natura, tutela dell'ambiente e protezione del clima per principianti

Marieke Gesing

CONTENUTI

Cosa può aspettarsi da questo libro

Il nostro mondo sta cambiando, il clima sta cambiando. Le specie che sono esistite a lungo sul nostro pianeta stanno scomparendo e le risorse stanno diventando scarse. Le persone si stanno lentamente rendendo conto che lo sviluppo non è sempre positivo. Stiamo sfruttando la nostra Terra, ma dovremmo prendercene cura, perché abbiamo solo questa. Lentamente, però, si sta verificando un ripensamento e le persone stanno cercando di rimediare agli errori del passato. Si sta cercando di ridurre le emissioni di CO_2, di conservare le risorse della Terra e di prestare maggiore attenzione alla natura. Ma una volta che le persone si sono abituate a un certo tenore di vita, è difficile rinunciarvi o cambiare abitudini.

Questo libro affronta i principali problemi che affliggono il nostro pianeta, discute temi come il cambiamento climatico, l'uso dell'agricoltura, la transizione energetica e l'estinzione delle specie e fornisce consigli e suggerimenti su come ogni individuo può contribuire a fare qualcosa di buono per la natura e l'ambiente. Spetta a tutti rendere il mondo un posto migliore.

Il nostro mondo oggi

Oggi sul pianeta Terra vivono più persone che mai. Negli ultimi dieci anni, si è aggiunto quasi un miliardo di persone, il che significa che presto raggiungeremo gli otto miliardi. Naturalmente, questo comporta una serie di conseguenze per la natura e l'ambiente.

Nel 2021, ci saranno 7,94 miliardi di persone sul pianeta. Soprattutto hanno bisogno di spazio per vivere e di essere nutrite. Questo a sua volta significa un'intensificazione dell'agricoltura, che richiede anch'essa soprattutto spazio. Lo spazio sulla Terra e le sue risorse sono limitate e quasi esaurite. Inoltre, tutti questi 7,79 miliardi di persone lasciano un'impronta ecologica, sia sotto forma di emissioni di CO_2, che di rifiuti prodotti o anche di risorse terrestri consumate, come la benzina. Secondo l'organizzazione 'Klima ohne Grenzen gemeinnützige GmbH', l'impronta ecologica dell'umanità è attualmente così grande che avremmo bisogno di 1,7 Terre per questo stile di vita (klimaohnegrenzen.de, 2020).

Il fatto che oggi ci siano così tante persone su questa terra e che le capacità si stiano gradualmente esaurendo ha una serie di conseguenze per la natura. C'è l'inquinamento, il riscaldamento globale, l'acidificazione degli oceani, l'estinzione delle specie e molto altro ancora. Naturalmente, l'intero processo deve essere contrastato su larga scala.

Ma cosa può fare ognuno di noi nella sua vita quotidiana per dare un piccolo contributo alla lotta contro il cambiamento climatico, l'inquinamento e simili? Di seguito, vengono affrontati i singoli aspetti e le conseguenze della sovrappopolazione e vengono forniti piccoli consigli su come ognuno può contribuire a rendere il mondo un po' migliore nella propria vita quotidiana.

L'ecosistema terrestre

Soprattutto negli ultimi anni, e in particolare con il progresso della scienza, è diventato chiaro che tutti i processi sulla Terra sono interrelati, interdipendenti o addirittura collegati. L'habitat della Terra è solo lo strato sottile intorno al globo, dalle trincee marine profonde alle cime delle montagne e ai cieli. Questi habitat molto diversi sono influenzati da vari fattori e processi, ma sono tutti collegati in qualche modo. Il ciclo dell'acqua, la tettonica a placche, la composizione dell'atmosfera e i cicli di materiali associati, i venti e le correnti oceaniche dimostrano che il pianeta Terra è un sistema dinamico la cui forza motrice principale è l'energia solare. Se un componente di questo sistema cambia, il sistema diventa fragile. Questo cambiamento, che sia di origine antropica o naturale, può influenzare ogni altro processo correlato, con conseguenze di vasta portata e imprevedibili.

Il clima sta cambiando

Ma perché? Il clima è cambiato da quando esiste la Terra. Ci sono state diverse ere glaciali nel passato della Terra, ma ci sono stati anche periodi caldi e l'effetto serra si è verificato milioni di anni fa. Secondo uno studio di Kasting et al. (2003), questo effetto era responsabile del fatto che all'inizio della formazione della Terra, sebbene il sole fosse circa il 30% meno intenso di oggi, le temperature sulla Terra erano ancora paragonabili a quelle attuali. Questo dimostra che l'effetto serra può avere un'enorme influenza sul clima della Terra. Dopo la comparsa della vita sulla Terra, tuttavia, il clima è sempre rimasto all'interno di intervalli che permettono anche questa vita.

La grande differenza rispetto all'attuale riscaldamento globale è che questo processo non è naturale, ma antropogenico, e sta progredendo molto rapidamente. Nella storia della Terra, parliamo di cambiamenti climatici nell'arco di milioni di anni. Oggi, si possono osservare cambiamenti significativi nel clima nel giro di pochi anni.

La combustione di combustibili fossili emette gas a effetto serra nell'atmosfera. Questi gas, come CO_2, metano e protossido di azoto, si accumulano nell'atmosfera terrestre. Mentre le radiazioni a onde corte e ad alta energia del sole possono attraversare questo strato di gas serra più o meno senza ostacoli, i raggi di calore a onde più lunghe che vengono riflessi dalla superficie terrestre vengono assorbiti dai gas serra e quindi rimangono nell'atmosfera e la riscaldano, come una serra. Tuttavia, questo effetto non è una novità per la Terra, ma si verifica naturalmente ed è estremamente importante per il clima caldo della Terra. L'effetto serra naturale è quindi necessario per la vita sulla Terra, ma l'amplificazione di questo effetto attraverso le influenze antropiche comporta grandi pericoli. L'inizio del cambiamento climatico odierno può essere fatto risalire all'epoca dell'industrializzazione. Da questo momento in poi, si possono registrare cambiamenti globali nella concentrazione di gas serra nell'atmosfera e quindi anche cambiamenti nel clima. Il gas serra più efficace è il metano, che svolge principalmente un ruolo nell'allevamento, in quanto viene prodotto dalle mucche durante i processi digestivi. Tuttavia, il gas serra CO_2, molto più debole, svolge il ruolo principale nell'effetto serra a causa della quantità di emissioni, seguito dal metano e dal protossido di azoto.

IL RISCALDAMENTO GLOBALE

L'effetto serra non solo riscalda l'atmosfera terrestre, ma anche gli oceani attraverso il trasferimento di calore, con enormi conseguenze. Uno dei maggiori problemi causati da questo fenomeno è il lento scioglimento delle calotte polari. A differenza dell'Antartico, l'Artico non è una massa terrestre coperta di ghiaccio, ma piuttosto l'Oceano Artico, sul quale galleggia un'area di ghiaccio puro di diversi metri di spessore. Se questa enorme massa di ghiaccio si scioglie, causa diversi problemi. Le masse d'acqua aggiuntive causeranno l'innalzamento degli oceani del mondo di diversi metri. Bisogna anche tenere presente che il ghiaccio polare è acqua dolce, che diluirebbe l'attuale contenuto salino del mare quando si scioglie. Possiamo solo ipotizzare quali effetti avrà su importanti correnti oceaniche come la Corrente del Golfo, che svolge un ruolo importante nel clima mite dell'Europa. Inoltre, sappiamo dai carotaggi in profondità nelle masse di ghiaccio che grandi quantità di gas metano sono intrappolate nel ghiaccio antico del Polo Nord. Lo scioglimento dei ghiacci comporterebbe il rilascio di questo gas metano, che a sua volta agisce come gas serra e intensificherebbe l'effetto serra - un circolo vizioso.

Un altro problema causato dal rapido riscaldamento dell'atmosfera e degli oceani è lo spostamento degli areali delle specie, sia in acqua che sulla terraferma. Molte specie animali e vegetali non sono in grado di adattarsi alle condizioni in rapido cambiamento. Le specie migrano verso regioni più fredde, se possono, o addirittura si estinguono a livello regionale o globale. Questo è anche il motivo per cui, ad esempio, le malattie che fino a poco tempo fa si trovavano solo nei Paesi con zone climatiche più calde stanno comparendo qui. I vettori, per lo più insetti, si sentono sempre più a casa nelle regioni mediterranee più calde e quindi raggiungono anche l'Europa.

Le persone tendono a notare meno il riscaldamento globale in sé; il fatto che un anno diventi più caldo in media è difficilmente percepibile dalle persone. Tuttavia, ciò che molte persone possono probabilmente confermare in base alla propria esperienza, è il clima sempre più estremo. Le estati sono sempre più calde e secche, gli inverni più freddi e umidi. Tra qualche anno, specie molto comuni alle nostre latitudini potrebbero presto non essere più presenti qui. Un esempio è la moria dell'abete rosso. Attualmente ci sono molti abeti rossi morti nelle foreste. Questo perché stanno lottando per far fronte alle condizioni di siccità e di caldo delle ultime estati e sono anche indeboliti dai parassiti. In futuro, potrebbe accadere che i nostri cereali convenzionali, come il mais o il grano, non possano più essere coltivati in Germania, perché le condizioni qui stanno diventando troppo estreme. In futuro, potremmo dover ricorrere a specie

in grado di affrontare meglio queste condizioni più
estreme.

Orsi polari in pericolo

Gli orsi polari si trovano in cima alla catena alimentare e sono una delle specie animali più peri-
colose della Terra. Tuttavia, con l'aumento del riscaldamento globale e il relativo scioglimento delle
calotte polari, dobbiamo temere per l'habitat degli
orsi polari e quindi per la specie stessa.

Gli orsi polari trascorrono la maggior parte del
tempo sul ghiaccio a caccia della loro preda principale, le foche. Gli orsi polari trovano le migliori
condizioni di caccia in inverno. Devono solo as-
pettare presso i fori di respirazione delle foche,
fino a quando non si alzano per prendere aria e
possono così uccidere facilmente le loro prede. Per
questo motivo, la stagione invernale nell'Artico
viene sfruttata dai grandi orsi per ingrassare in estate, poiché la stagione estiva nell'Artico è più
magra in termini di cibo.

Tuttavia, negli ultimi anni i ricercatori hanno
notato dei cambiamenti negli orsi polari nella loro
area di distribuzione più meridionale, la Baia di

Hudson. Sono più piccoli e più magri e hanno meno figli. È stata stabilita una correlazione con il declino del ghiaccio. Gli strati di ghiaccio più sottili vengono trascinati più facilmente dal vento e dalle correnti oceaniche. Per gli orsi polari, questo significa che devono nuotare per distanze maggiori per tornare su altri ghiacci. Gli orsi polari sono ottimi nuotatori, ma nell'acqua ghiacciata questo comporta un grande dispendio di energia. La situazione degli orsi polari non è ancora critica dappertutto, ma se pensiamo alle future estati nell'Artico senza ghiaccio, questo fa temere anche per il futuro degli orsi polari.

ACIDIFICAZIONE DEGLI OCEANI

Non è solo il riscaldamento degli oceani a rappresentare un problema per gli organismi marini. La molecola CO_2 ha la capacità di dissolversi nell'acqua. Secondo uno studio di Jury et al. (2010), gli oceani del mondo assorbono circa il 25% della CO_2 presente nell'atmosfera. Quando si dissolvono nell'acqua di mare, le molecole di CO_2 entrano in una reazione chimica con le molecole d'acqua, producendo ioni ossonio, che sono responsabili dell'acidificazione degli oceani del mondo. Se gli oceani diventano anche più caldi, aumenta anche la capacità dell'acqua di assorbire le molecole di CO_2 dall'atmosfera - un circolo vizioso. Questo ha conseguenze di vasta portata per gli abitanti degli oceani. Le specie scompaiono, si estinguono o sono costrette a ritirarsi in regioni più fredde. Le barriere coralline, che possono essere superate solo dalla biodiversità delle foreste pluviali tropicali, non appaiono più nel loro splendore colorato, ma in un bianco brillante. Ciò che rimane sono gli scheletri calcarei dei coralli, che si estendono per chilometri. Inizialmente solo un meccanismo di protezione, il corallo può sopravvivere in questo stato per altre due settimane e alla fine muore. Le barriere coralline fungono anche da frangiflutti e da difese naturali contro gli tsunami. Tuttavia, una barriera corallina in queste condizioni non può più svolgere questa funzione.

Un ulteriore problema è la scomparsa del fitoplancton negli oceani. Il fitoplancton è costituito da piccole diatomee che costituiscono la fonte di cibo per lo zooplancton. Lo zooplancton è la principale fonte di cibo per numerose creature marine, come le balenottere, le balenottere e le balenottere. Non solo la riduzione del plancton mette a rischio l'esistenza di queste creature marine, ma trattandosi di alghe, il fitoplancton è anche il più importante produttore di ossigeno del nostro pianeta, in quanto le piccole alghe svolgono la fotosintesi. Legano la CO_2 e la utilizzano per produrre tra il 50 e l'80 % dell'ossigeno presente nell'atmosfera. Può immaginare che perdita sarebbero questi organismi nella lotta contro il cambiamento climatico.

Ma cosa possiamo fare?

Naturalmente, è necessario fare qualcosa per il clima della Terra, soprattutto su scala globale, ma dipende anche da ogni singolo individuo. Possiamo fare molto nella nostra vita quotidiana, soprattutto per ridurre le emissioni di CO_2. Ecco alcuni piccoli consigli e trucchi che tutti possono prendere in considerazione nella loro vita quotidiana:

- **Acquisti di seconda mano:** La produzione di abiti, mobili, automobili, ecc. genera gas serra che vengono immessi nell'atmosfera. Riduca questo fenomeno valutando se la prossima volta desidera acquistare un prodotto di seconda mano, per il bene dell'ambiente.

- **Riparare gli oggetti invece di acquistarne di nuovi:** A volte vale la pena di pensare alla riparazione degli oggetti, che spesso non solo è facile per il portafoglio, ma anche per il clima.

- **Utilizzi la bicicletta e il trasporto pubblico:** Un punto che sentiamo ripetere spesso, ma che non dovrebbe mancare nemmeno in questo caso, in quanto la percentuale di emissioni di benzina ha un enorme impatto sul cambiamento climatico. E con gli attuali prezzi della benzina, potrebbe davvero valere la pena di prendere il treno o l'autobus.

- **Acquistare prodotti biologici:** Ognuno può avere la propria opinione sui prodotti biologici. Il fatto è che questi prodotti sono realizzati in modo più rispettoso del clima rispetto a quelli provenienti dall'agricoltura convenzionale. Quindi, acquisti prodotti biologici per il clima.

- **Eco-banche: esistono le** cosiddette eco-banche che si preoccupano di non investire il suo denaro nello sviluppo di armi o in aziende che danneggiano il clima. Invece, investono in energie rinnovabili e progetti sostenibili.

Sviluppo dell'agricoltura

L'agricoltura è sottoposta a enormi pressioni al giorno d'oggi. Gli agricoltori sono i primi produttori di cibo dell'umanità. Bisogna nutrire miliardi di persone, il che significa che è necessario produrre un'enorme quantità di cibo. Innanzitutto, deve essere economico. Ci sono anche una serie di restrizioni su ciò che gli agricoltori possono o non possono fare, soprattutto per quanto riguarda il clima. Di conseguenza, è difficile soddisfare tutti questi requisiti e molti piccoli agricoltori regionali vivono sul lastrico o addirittura devono chiudere le loro aziende perché non sono più redditizie.

Per molto tempo, l'umanità è stata in grado di assicurarsi l'approvvigionamento alimentare espandendo i terreni agricoli a spese della natura. Circa la metà della terra in Germania è oggi utilizzata per l'agricoltura. Lo spazio è limitato e l'area non può essere ampliata all'infinito, quindi ora dobbiamo ricorrere all'intensificazione dell'agricoltura. Le monocolture vengono coltivate con l'uso di pesticidi per ottenere buoni raccolti e il bestiame viene tenuto in spazi ristretti per mantenere bassi i costi di produzione. Questo comporta una serie di conseguenze per la natura e l'ambiente, che vengono discusse di seguito.

FRAMMENTAZIONE DEL PAESAGGIO

L'intensificazione dell'agricoltura ha portato a cambiamenti drastici nel nostro paesaggio. Oltre la metà del territorio tedesco è utilizzato per l'agricoltura. Questo comporta diversi problemi. Il paesaggio è frammentato e gli habitat vengono tagliati. Si coltivano soprattutto monocolture, che non offrono alcun habitat per gli animali e le altre piante. C'è un campo accanto all'altro. Gli animali meno mobili a volte non riescono a superare queste barriere. Un'ape, ad esempio, ha già difficoltà a volare su un campo di medie dimensioni.

Animali come il criceto di campagna stanno scomparendo perché non c'è più spazio per loro. La perdita di habitat e l'isolamento degli habitat sono uno dei maggiori problemi per la biodiversità. Tuttavia, in un paesaggio frammentato, fattori come la qualità degli habitat rimanenti, soprattutto le dimensioni degli habitat, ma anche la connettività degli habitat rimanenti, possono essere decisivi per la conservazione di alcune specie. Si sta cercando di porre rimedio a questo problema creando piccole isole dove insetti, uccelli e altri animali possono trovare cibo e un habitat. Alcuni di voi avranno già notato le strisce di fiori colorati ai margini dei campi. Sebbene possano fornire un aiuto temporaneo a queste specie, le strisce di fiori non sostituiscono l'habitat e non sono una soluzione permanente.

ALLEVAMENTO DI BESTIAME

Anche gli allevamenti intensivi rappresentano un problema per il clima. Non solo l'allevamento in condizioni non etiche, ma anche la massa di animali macellati sulla terra rappresenta un'ulteriore minaccia per il clima. Uno studio condotto dall'Organizzazione delle Nazioni Unite per l'Alimentazione e l'Agricoltura (FAO) nel 2006 ha analizzato le emissioni di gas a effetto serra causate dall'allevamento di bestiame in tutto il mondo ed è giunto a cifre allarmanti: il 18% delle emissioni globali di gas a effetto serra è causato dal solo allevamento di bestiame. I bovini, in particolare, producono un'enorme quantità di metano, il gas serra più potente, attraverso i processi digestivi. Prima di tutto, però, c'è la fertilizzazione dei campi in relazione alla fornitura di mangimi per tutti questi animali da allevamento. Un altro aspetto critico della produzione di mangimi è che i terreni agricoli utilizzati per la produzione di mangimi non possono essere utilizzati per produrre cibo per gli esseri umani. In molti Paesi, tra cui la Germania, si stanno distruggendo ecosistemi preziosi e persino le foreste pluviali vengono disboscate per ottenere ulteriore terreno agricolo per la produzione di mangimi. Questo avviene mentre ci sono persone che soffrono la fame in altre parti del mondo. Un fatto che deve essere analizzato.

Senza dimenticare l'uso di veicoli agricoli e la produzione di fertilizzanti, che contribuiscono anch'essi alle emissioni di gas serra. La riduzione del consumo di carne da parte delle persone fornirebbe un sollievo significativo per il clima, sotto molti punti di vista.

ECCESSIVA FERTILIZZAZIONE

Il letame liquido è un prodotto naturale e quindi non fa male se viene applicato ai campi come fertilizzante. Questo non è del tutto vero. A causa dell'aumento dell'agricoltura di fabbrica, il liquame è diventato un prodotto di scarto in abbondanza. Gli agricoltori non sanno cosa farne e sovraconcimano i loro campi. Questo ha conseguenze di vasta portata, in quanto vi è un eccesso di sostanze nutritive. Il letame o i fertilizzanti in generale sono caratterizzati da un elevato contenuto di azoto. L'azoto è uno dei mattoni elementari di tutti gli esseri viventi sulla terra. Tuttavia, le

piante e gli animali non hanno la capacità di legare
l'azoto dall'aria, dove costituisce il 78% dell'aria
come molecola N_2 . Questo compito di legare
l'azoto dall'aria viene svolto dai microrganismi del
terreno, che convertono l'azoto nella sostanza nitrato, che può essere utilizzata dalle piante e
dall'uomo.

Questo chiude il cosiddetto ciclo dell'azoto.
Quando gli esseri umani o gli animali mangiano
alimenti di origine vegetale, assorbono il nitrato e
poi lo espellono di nuovo. Tuttavia, l'intervento
umano nel ciclo lo interrompe. Questo porta a un
eccesso di azoto nel terreno. Questo ha un impatto
importante sulla biodiversità, in quanto favorisce
sempre più le piante che si sono specializzate in
terreni ricchi di nutrienti. Le specie che dipendono
da terreni poveri di nutrienti stanno lentamente
scomparendo. Inoltre, l'eccesso di azoto ha anche
un impatto sul modo in cui le piante crescono.
Crescono molto più velocemente, ma sono meno
stabili. Per questo motivo, l'eccesso di nutrienti è
associato anche al deperimento delle foreste. La
crescita accelerata porta a un assottigliamento
della chioma, che rende gli alberi più suscettibili
alla siccità e al vento.

Se l'azoto presente nel terreno non viene assorbito completamente dalle piante, l'acidificazione del suolo si verificherà sempre più spesso. Le specie che si trovano prevalentemente in luoghi ricchi di alcali trovano sempre meno habitat. L'azoto svolge un ruolo sempre più importante anche nella qualità dell'acqua, sia nell'acqua potabile che nei corpi idrici vicini. Un contenuto di azoto eccessivamente elevato nell'acqua è un segno di cattiva qualità dell'acqua.

Inoltre, l'eccessivo spargimento di letame liquido nasconde anche un altro pericolo: a causa dell'uso massiccio di antibiotici negli allevamenti intensivi, nelle stalle si sviluppano ripetutamente germi multiresistenti, che poi non rimangono nelle stalle ma vengono sparsi nei campi con il letame liquido.

USO DI PESTICIDI

Con l'intensificazione dell'agricoltura e l'espansione dei terreni agricoli, vengono utilizzati sempre più pesticidi in tutto il mondo. Ciò rappresenta una grave minaccia per la biodiversità. Non è la quantità a giocare un ruolo, come spesso si pensa, ma l'intensità delle sostanze utilizzate. Per questo motivo, la regolamentazione legale della quantità di una particolare sostanza da utilizzare è di solito piuttosto inutile. L'uso di insetticidi ed erbicidi ad ampio spettro è cambiato drasticamente dopo lo sviluppo agricolo. Quando vengono utilizzati, non danneggiano solo gli organismi bersaglio, ma anche numerosi altri gruppi di specie, il che porta lentamente ma inesorabilmente all'impoverimento della fauna e della flora agricola.

Attraverso la catena alimentare, di solito vengono colpiti non solo gli insetti, ma anche gli uccelli e i mammiferi. Inoltre, c'è sempre il rischio che queste sostanze si infiltrino nel terreno e raggiungano le falde acquifere.

Ma cosa possiamo fare?
Il consumatore determina l'offerta. Ciò vale più per questo punto che per qualsiasi altro descritto in questo libro. Determiniamo lo sviluppo dell'agricoltura attraverso il nostro comportamento di acquisto. Questo è un punto in cui ogni individuo ha un'influenza particolarmente grande. Ecco alcuni consigli e suggerimenti su come proteggere la natura:

• **Acquisti prodotti regionali:** Può aiutare enormemente il clima scegliendo prodotti regionali. Il trasporto di cibo da un luogo all'altro tramite nave, aereo o camion contribuisce in modo significativo al cambiamento climatico e alle emissioni di gas serra.

• **Acquisti in base alla stagione: in altre parole,** se acquista lamponi in inverno o zucche in primavera, può essere certo che molto probabilmente non provengono dalla Germania. Ci sono determinate stagioni di crescita per la frutta e la verdura qui in Germania; si attenga a queste stagioni e potrà essere certo che i prodotti che sta acquistando sono stati prodotti in Germania e non sono stati trasportati su lunghe distanze.

• **Mangiare meno carne:** L'industria della carne è una delle principali responsabili del cambiamento climatico e le terribili condizioni in cui vengono tenuti gli animali fanno dubitare dell'umanità. Forse potrebbe pensare di ridurre un po' il suo consumo di carne e, se proprio si tratta di carne, cercare prodotti regionali con un buon allevamento di animali.

• **Contro lo spreco alimentare:** cerchi di non buttare via il cibo. La produzione di questo cibo ha già avuto un impatto negativo sul clima. Tante tonnellate di cibo vengono semplicemente buttate via ogni anno, un fatto che non è eticamente giustificabile quando molte persone in altre regioni del mondo soffrono la fame. Oggi ci sono anche molte offerte, ad esempio per acquistare il pane del giorno prima o alimenti con data di scadenza, quindi accetti più spesso queste offerte per il bene del clima.

Clima ed energia

Gli esseri umani stanno consumando le risorse della Terra più velocemente di quanto la Terra possa produrle, soprattutto per produrre energia - la base della società moderna. Al giorno d'oggi, abbiamo bisogno di energia per la maggior parte delle cose quotidiane. In tutto il mondo, ogni anno vengono utilizzati 13.000 milioni di tonnellate di petrolio grezzo per produrre energia. In confronto: un cittadino tedesco consuma in media circa 1,25 tonnellate di petrolio greggio all'anno sotto forma di energia. Questa cifra è aumentata costantemente dall'industrializzazione. La maggior parte di questa energia si ottiene bruciando combustibili fossili come gas, carbone o petrolio. Questo comporta due svantaggi principali: La combustione produce gas a effetto serra che danneggiano il clima e i combustibili fossili sono limitati. In questo contesto, è particolarmente tragico che solo un terzo dell'energia prodotta possa poi essere utilizzata come energia finale. Un terzo viene perso durante la conversione energetica, il trasporto, ecc. L'altro terzo sono le perdite causate dal consumatore.

Queste perdite non si verificano con l'elettricità generata direttamente da energie rinnovabili come l'energia idroelettrica, l'energia eolica o il fotovoltaico. Oggi, circa il 23% dell'energia è generata da fonti rinnovabili e la tendenza è in aumento. Il mondo sta già cambiando e questo è già stato riconosciuto dalla politica. Nei prossimi anni, ad esempio, l'industria della lignite e l'energia nucleare saranno gradualmente eliminate a favore dell'energia eolica e solare.

ENERGIA ILLIMITATA

Le fonti di energia rinnovabili sono disponibili per le persone all'infinito; l'unica limitazione è quando il tempo non gioca, il sole non splende o il vento non soffia. Da un punto di vista fisico, il termine energia rinnovabile non è del tutto corretto, in quanto l'energia non si distrugge né si crea. L'energia è sempre presente e può semplicemente essere convertita in altre forme.

Bioenergia

La bioenergia rappresenta la quota maggiore di energia prodotta da fonti rinnovabili in Germania. In questo caso, il calore, l'elettricità e il carburante vengono prodotti da componenti solidi, liquidi o gassosi. Questo metodo è molto versatile, in quanto non dipende da un'unica fonte di prodotto. Si possono utilizzare sia rifiuti vegetali che animali, oltre ad altre materie prime rinnovabili. In Germania, la produzione di bioenergia è molto importante per il riscaldamento, ma anche per la produzione di carburante.

Energia eolica

Anche l'energia eolica gioca un ruolo chiave nella produzione di energia pulita. Dopo la bioenergia, l'energia eolica rappresenta la seconda quota più grande della produzione di energia da fonti rinnovabili. L'energia eolica viene convertita in elettricità utilizzando turbine eoliche basate sul principio del mulino a vento. Queste turbine possono essere posizionate sia sulla terraferma che in mare. Tuttavia, la costruzione di questi impianti cosiddetti offshore è molto più impegnativa rispetto all'installazione di turbine eoliche convenzionali sulla terraferma. Queste turbine sono solitamente situate a 30-40 chilometri dalla costa, in acque profonde fino a 40 metri. È facile immaginare che il collegamento alla rete elettrica e l'ancoraggio stabile delle turbine a tali profondità d'acqua rappresentano una sfida enorme.

Il fotovoltaico

Anche la generazione di elettricità dall'energia solare gioca un ruolo decisivo in Germania. Questa tecnologia è la più conveniente tra tutte quelle che producono elettricità da fonti energetiche rinnovabili. La luce solare viene convertita direttamente in elettricità nelle celle solari. Non è necessaria quasi nessuna manutenzione per questi sistemi, motivo per cui questa tecnologia è molto adatta anche per l'uso in Paesi con una rete di distribuzione poco sviluppata.

Energia idroelettrica

L'energia idroelettrica tende ad essere meno utilizzata in Germania, ma è molto preziosa in altre parti del mondo. Ha un grande potenziale di generazione di elettricità, ma dipende dalla quantità di precipitazioni e dalle condizioni geografiche. In un impianto idrico, l'energia cinetica dell'acqua viene utilizzata per generare elettricità. La velocità del flusso dell'acqua mette in moto una turbina, che a sua volta aziona un generatore per produrre elettricità.

Conclusione sulle energie rinnovabili

La produzione di elettricità da energie rinnovabili richiede anche interventi sugli ecosistemi. In alcuni casi, vengono installati impianti di grandi dimensioni che hanno un impatto su animali e piante. Ad esempio, le turbine eoliche spesso causano attacchi di uccelli e anche i pipistrelli hanno problemi in prossimità delle turbine, in quanto il loro sonar viene influenzato o addirittura distrutto dalle pale rotanti del rotore. L'uso dell'energia idroelettrica porta anche a cambiamenti negli ecosistemi. L'acqua viene arginata in luoghi dove prima non c'era, mentre altri luoghi vengono prosciugati dove c'è sempre stata acqua. In alcuni Paesi, ci sono anche conflitti etici tra la generazione di elettricità e la fornitura di acqua per le persone che dipendono da essa. Inoltre, lo sbarramento modifica i processi naturali di marea, che spesso sono molto importanti per la fertilità del suolo. Anche l'installazione di sistemi solari comporta dei rischi, in quanto richiedono spazio. Questo cambia anche il paesaggio.

Ma quali sono le nostre alternative? Dopo tutto, le persone hanno bisogno di energia per vivere, e in misura non trascurabile. Nessuno è disposto a rinunciare al tenore di vita che si è creato nel corso di decenni, ed è per questo che bisogna cercare delle soluzioni al problema energetico. Rispetto alla generazione di energia da lignite o nucleare, l'impatto della generazione di energia da fonti rinnovabili può essere probabilmente classificato come minore.

Ma cosa possiamo fare?

Possiamo renderci conto che l'elettricità è un bene prezioso e che il clima soffre per la sua produzione. Se diventiamo un po' più consapevoli di questo, risparmiare elettricità potrebbe non essere così difficile. Ci sono molti trucchi semplici che tutti possono seguire nella loro vita quotidiana.

• **Sostenere l'energia pulita (eolica, solare e idrica):** Esistono già fornitori di elettricità specializzati in energia pulita. Forse un cambio potrebbe essere un'opzione per lei?

• **Pannelli solari:** può anche agire attivamente valutando l'installazione di un sistema solare sul suo tetto. Se non vuole fare un investimento troppo grande, può acquistare singoli pannelli solari a un prezzo vantaggioso e installarli in giardino o sul balcone, ad esempio. Questo è facile per il portafoglio e per il clima.

• **Elettrodomestici a basso consumo energetico:** tutti gli elettrodomestici come lavastoviglie, asciugatrici e frigoriferi sono etichettati con informazioni sulla quantità di elettricità che consumano. Forse la prossima volta che acquisterà un elettrodomestico presterà meno attenzione al design e più al consumo energetico.

• **Utilizzi lampade a LED:** Sostituire le normali lampadine con quelle a LED è molto semplice. Queste richiedono solo il 20% dell'elettricità delle lampadine tradizionali.

• **Risparmiare energia in generale:** In generale, è importante non sprecare energia. Il semplice risparmio energetico, spegnendo le luci quando non è nella stanza o spegnendo la TV o il computer portatile quando non li utilizza, può fare miracoli.

• **Funzione ecologica per gli elettrodomestici:** Molti elettrodomestici, come lavastoviglie o lavatrici, sono già dotati di funzioni ecologiche integrate. Utilizzarle richiederà probabilmente un po' più di tempo, ma farà qualcosa per l'ambiente.

Il declino delle specie - la sesta grande estinzione di specie

Ci sono già state cinque grandi estinzioni di specie nella storia della Terra. Una di queste, ad esempio, è stata innescata dall'impatto di un meteorite milioni di anni fa, che ha portato all'estinzione dei dinosauri e di molte altre specie. Oggi, gli esseri umani stanno assistendo e causando la sesta grande estinzione di massa sulla Terra. L'estinzione delle specie è generalmente un processo naturale di selezione che avviene costantemente sulla Terra. Tuttavia, la biodiversità si sta perdendo a un ritmo drammatico e innaturale.

Storicamente, la principale causa di estinzione delle specie nella storia dell'uomo è stata la caccia. In passato, molte specie animali sono state cacciate fino all'estinzione per la loro pelliccia o la loro carne, poiché all'epoca le persone non sapevano fare di meglio ed era una questione di sopravvivenza. Tuttavia, la situazione è cambiata con il passare del tempo. La principale causa di estinzione delle specie oggi è la distruzione e la frammentazione degli habitat, oltre alla pesca. Anche la diffusione di specie invasive e il cambiamento climatico (ad esempio, le barriere coralline) hanno un impatto.

Ci sono molte ragioni per cui non dovremmo semplicemente stare a guardare questa perdita di specie. Oltre al fatto che siamo eticamente obbligati a prenderci cura dei nostri ecosistemi, molti ecosistemi forniscono anche qualcosa agli esseri umani. Senza di essi, la vita come la conosciamo non è più possibile sulla Terra.

Le piante sono essenziali per l'uomo e gli animali, sia come fonte di cibo che come alimento per gli animali. Svolgendo la fotosintesi, sono l'equivalente di uomini e animali, in quanto generano ossigeno dal CO_2, mentre uomini e animali hanno bisogno di ossigeno per vivere ed espirano CO_2 come prodotto di scarto. Le piante, quindi, svolgono un ruolo importante nel ciclo dei materiali. Inoltre, non saremmo più in grado di sfruttare gli effetti delle piante medicinali se dovessero essere vittime della perdita di specie. Le **foreste svolgono** un ruolo molto importante in quanto regolano il clima, fungono da pozzo di CO_2 e legano la CO_2 che produciamo. Le foreste sono anche essenziali per filtrare l'acqua e proteggere dall'erosione. Anche il legno come materiale da costruzione è di grande importanza per le persone. Gli **animali da allevamento** sono importanti in quanto contribuiscono a nutrire l'umanità. Forniscono carne, latte, uova, lana e altre materie prime. Gli animali da allevamento svolgono anche un ruolo in molti Paesi, in quanto viene utilizzata la loro manodopera. Gli **insetti sono gli** impollinatori numero uno sulla terra. Impollinano tre quarti di tutte le piante da fiore. Senza di loro, gli alberi da frutto e molte altre specie vegetali sarebbero un ricordo del passato. Svolgono anche un ruolo molto importante nella catena alimentare, fornendo cibo di base per numerose altre specie animali. Hanno anche una funzione nella decomposizione dei rifiuti e dei prodotti di scarto. I **microrganismi** come i batteri e i protozoi sono particolarmente importanti per i processi di decomposizione. Restituiscono i minerali ai cicli dei materiali e quindi alla natura. Senza di loro, la vita sulla Terra nella sua forma attuale non sarebbe possibile.

Abbiamo bisogno di tutti questi gruppi di specie, la Terra ne ha bisogno. Se, come previsto, il 30-50% delle specie si estinguerà nel prossimo futuro, dovremo chiederci se i processi biologici e gli ecosistemi saranno ancora efficienti come oggi o se potrebbero addirittura scomparire completamente. Come già descritto, il pianeta Terra è un grande ecosistema. Se alcune parti di questo sistema si fermano, la Terra continuerà davvero a funzionare nel suo insieme? Se scompaiono così tante specie, ciò avrà conseguenze imprevedibili per ogni aspetto della nostra vita.

IL RUOLO DELLE SPECIE INVA-SIVE

Le specie invasive sono specie che non sono presenti naturalmente in una certa regione, ma che si sono comunque diffuse. Di solito sono state introdotte in queste regioni dall'uomo, sia intenzionalmente che non. Le ragioni dell'introduzione di nuove specie in aree del mondo in cui non sono presenti naturalmente includono il piacere, ma anche la fornitura di cibo. Le coltivazioni vengono effettuate in regioni che non sono l'habitat naturale di queste specie. Inoltre, l'uomo ha introdotto la cacciagione in alcune parti del mondo per introdurre una nuova fonte di cibo, spesso con conseguenze inaspettate. L'introduzione involontaria di specie avviene principalmente lungo le rotte di trasporto, sia attraverso il commercio che attraverso i viaggiatori in vacanza.

L'introduzione di specie non autoctone ha spesso effetti imprevisti sugli ecosistemi. Poiché le specie sono spesso generaliste, in grado di adattarsi a un'ampia gamma di condizioni di vita, si stabiliscono nelle nuove regioni. Molto spesso, entrano in competizione con le specie autoctone per l'habitat e le risorse, come il cibo o il riparo. Nella maggior parte dei casi, le specie autoctone perdono e vengono lentamente espulse dal loro habitat. Tuttavia, non sono interessati solo gli animali più grandi, ma anche i microrganismi e i funghi, come mostra il prossimo esempio.

Le specie di anfibi del mondo sono attualmente minacciate da un nuovo pericolo. Attualmente si sta diffondendo un fungo che si trova naturalmente in Africa sulle cosiddette rane artigliate, ma che è letale per altre specie di anfibi. In particolare negli anni '60, queste rane sono state deliberatamente diffuse in tutto il mondo, con il risultato che molte specie di anfibi sono state vittime del fungo. Ancora oggi, si stanno compiendo sforzi per combattere il fungo.

Un altro esempio interessante si trova in Nuova Zelanda. L'isola si è separata da altre masse terrestri all'inizio della storia della Terra, dando l'opportunità a una fauna molto speciale di svilupparsi. Poiché non c'erano grandi predatori sull'isola, si è sviluppato un gruppo di uccelli senza volo. Kiwi, kakapo e altri sono stati in grado di svilupparsi indisturbati fino a quando predatori come i ratti o l'opossum, originari del Nord America, sono stati portati in Nuova Zelanda con i coloni. Come può immaginare, gli uccelli che non possono volare sono una facile preda e sono ora minacciati di estinzione.

MORTALITÀ DEGLI INSETTI - QUANDO I PICCOLI SCOMPAIONO

Uno studio a lungo termine di Hallmann et al. (2017) ha fatto scalpore qualche anno fa. Hanno analizzato 60 località in un periodo di 27 anni per gli insetti (biomassa) che vi si trovano. I risultati sono stati scioccanti. La biomassa degli insetti è diminuita del 75% nel corso dei 27 anni. Ma qual è la ragione e possiamo fermare questa tendenza?

Esistono diverse cause di mortalità degli insetti, ma tutte hanno una cosa in comune: sono causate dall'uomo. Una delle ragioni più decisive è il cambiamento del paesaggio. Un paesaggio culturale piccolo, parcellizzato e ricco di specie, con terreni incolti, frutteti e numerose strutture di siepi, si è trasformato in un deserto agricolo monotono e strutturalmente povero, che non offre alcun habitat per animali e piante selvatiche.

L'intensificazione dell'agricoltura ha aggravato i problemi legati all'uso di pesticidi e alla sovraconcimazione. Con le rotazioni delle colture e le monocolture ricorrenti, i contadini stanno allevando parassiti resistenti e devono ricorrere a pesticidi sempre più efficaci. Inoltre, la combinazione di diversi pesticidi sulla fauna di insetti è stata poco studiata.

L'uso di pesticidi non si ferma nemmeno alle foreste, poiché la silvicoltura è il secondo uso del suolo più importante. Per combattere la falena zingara e altri insetti, anche le foreste vengono pesantemente irrorate, al fine di proteggere le monocolture già vulnerabili e contenere la diffusione dei parassiti. C'è un ulteriore problema per i numerosi insetti notturni: l'inquinamento luminoso. Attirati dalla luce artificiale, molti muoiono per esaurimento e sono disorientati. Il tre percento della nostra superficie è occupato da giardini privati. Questi sarebbero importanti oasi di biodiversità nell'attuale paesaggio culturale altamente impoverito, ma l'uso di pesticidi e il design sterile dei giardini significa che forniscono un habitat solo per poche specie di insetti.

Non tutte le api da miele sono uguali

La differenza maggiore per gli esseri umani è che le api selvatiche non producono miele, ma sono importanti almeno quanto le api da miele. A differenza delle api mellifere, le api selvatiche non vivono in colonie, ma sono solitarie. Pertanto, si occupano da sole dell'allevamento della prole. Ad esempio, scavano gallerie nel terreno o nel legno, fanno il nido nei gambi dei fiori o utilizzano gusci di lumaca per deporre le uova. C'è una grande diversità tra le api selvatiche, ma hanno bisogno di opportunità di nidificazione e di materiale adatto per riprodursi con successo. In Germania esistono circa 550 specie di api selvatiche, molte delle quali sono minacciate di estinzione a causa della perdita di habitat e dell'agricoltura. Oltre la metà è inserita nella Lista Rossa. Al contrario, però, l'80% delle piante selvatiche e oltre 150 colture dipendono dall'impollinazione delle api selvatiche. È molto interessante notare che più spesso un fiore viene visitato da diverse api selvatiche, più grande è il frutto. Ciò significa che un terzo della resa delle colture è direttamente correlato al numero di impollinazioni e quindi anche al numero di api selvatiche in generale.

Se vuole fare qualcosa di specifico per le api selvatiche, ecco alcuni consigli su ciò che le api selvatiche amano particolarmente:

• **Erbe da cucina sul balcone o in giardino:** Le api selvatiche amano le erbe da cucina come la borragine, il timo, la salvia, la maggiorana o il rosmarino. Lasci fiorire le erbe e le metta a disposizione delle api selvatiche.

• **Fiori primaverili: le** api selvatiche dipendono anche dai fiori che sbocciano presto. In particolare, amano i crochi, i bucaneve e i giacinti.

• **Alberi e arbusti: le** api selvatiche amano gli alberi da frutto. Con numerose fioriture, possono fornire cibo a molte api selvatiche. Pianti quindi alberi da frutto e cespugli di bacche come meli, peri, ciliegi, ribes o uva spina per le api.

• **Prato di fiori selvatici:** Può anche contribuire a creare un bellissimo prato di fiori selvatici, sia in vasi di fiori che in piccoli appezzamenti di giardino: le api selvatiche la ringrazieranno. Un piccolo consiglio: i fiori selvatici crescono particolarmente bene in un terreno povero. Il terriccio acquistato in negozio è spesso troppo ricco di sostanze nutritive, ma può facilmente diluirlo aggiungendo sabbia o ghiaia.

• **Lasci in piedi gli arbusti sfioriti:** non tagli i fusti e gli arbusti sfioriti in autunno, perché offrono alle api selvatiche un riparo per l'inverno.

Aiuto per le farfalle

Anche le farfalle non hanno vita facile al giorno d'oggi. Proprio come le api selvatiche, anche le farfalle sono state messe in difficoltà dalla perdita di habitat e dall'uso di pesticidi. In Germania esistono circa 3.500 specie di farfalle e falene. Di queste, 190 appartengono alle colorate e magnifiche farfalle che associamo immediatamente al termine farfalla. La maggior parte, tuttavia, sono falene piuttosto poco appariscenti. Tra le farfalle ci sono le generaliste e le specialiste, spesso più minacciate. Queste ultime sono, ad esempio, legate a una pianta alimentare specifica o a condizioni ambientali molto specifiche. Un esempio è la farfalla blu che, come suggerisce il nome, depone i suoi bruchi nell'omonimo nodo del prato.

Le larve dipendono dal fatto che la pianta non venga falciata e che l'ambrosia rimanga in piedi fino a quando non avranno completato il loro sviluppo. Questo è spesso un po' difficile, dato che l'avena dei prati si trova spesso nei pascoli o nei prati di fieno. Anche la falena falco dell'enotera si è specializzata in una particolare pianta alimentare, l'enotera. Queste specie sono quindi particolarmente minacciate, poiché dipendono fortemente da specie vegetali specifiche. Tuttavia, tutte le farfalle hanno una cosa in comune: lo sviluppo da uovo, a bruco, a pupa e infine a falena. Molte piante dipendono dalle farfalle come impollinatori. Con la loro lunga proboscide, possono arrivare in profondità nei calici delle piante per bere il nettare.

Se vuole sostenere le farfalle, di seguito troverà alcuni consigli su ciò che piace alle farfalle. Si differenzia solo leggermente da ciò che può fare per le api selvatiche:

• **Giardino di erbe:** le farfalle amano anche le erbe che fioriscono. Le erbe preferite dalle farfalle sono il timo, la lavanda, la menta e la melissa.

• **Prato di fiori selvatici su terreni poveri:** seminando un prato di fiori selvatici, fa qualcosa per le api selvatiche e le farfalle allo stesso tempo.

• **Piante per i bruchi:** anche allo stadio di bruco, le falene hanno bisogno di mangiare. I bruchi prediligono in particolare gli arbusti come le more o i lamponi, ma anche il finocchio, le violette, il biancospino e la veccia fanno parte del loro menu.

• **Prati fioriti:** Lasci fiorire i fiori a bassa crescita che si trovano naturalmente nel suo prato. Suggerimento: se non vuole lasciare l'intero prato in piedi, lasci piccole isole di prato dove non solo le farfalle si sentono a casa.

• **Quartieri di svernamento:** anche le farfalle hanno bisogno di un luogo dove trascorrere l'inverno. I cumuli di pietra e di sterpaglie, l'edera densa o le viti selvatiche sono adatti a questo scopo.

• **Terriccio senza torba:** l'estrazione della torba distrugge le torbiere, un habitat importante per le farfalle e altre specie. Dovrebbe quindi evitare i terricci che contengono torba.

IL DECLINO DEGLI UCCELLI

Il numero di specie di uccelli presenti in Germania e il loro numero sono diminuiti drasticamente. Questo colpisce in particolare gli uccelli del paesaggio agricolo. Quasi tre quarti delle specie di uccelli originarie della Germania sono ora nella Lista Rossa. C'è stato un declino particolarmente allarmante nelle popolazioni di pavoncella, pernice grigia, pittima e stiaccino (declino dell'85-60%). Ci sono diverse ragioni per il declino delle popolazioni di uccelli, ma il fattore più decisivo è la mancanza o la perdita di habitat adatti. La contemporanea estinzione degli insetti ha portato anche alla mancanza di cibo. La mortalità degli insetti e il declino del numero di uccelli sono quindi direttamente collegati. Un'altra ragione è l'uso eccessivo di pesticidi e fertilizzanti in agricoltura. Queste cifre mostrano ancora una volta l'impatto negativo delle monocolture e dei fertilizzanti chimici sulla biodiversità.

IL PROBLEMA ATTUALE DEL CRICETO DA CAMPO

Anche il criceto di campagna, originario della Germania, sta lentamente ma inesorabilmente scomparendo dalla scena. È già classificato come in pericolo critico nella Lista Rossa. Questo animale notturno appartiene alla fauna dei mammiferi autoctoni e si trova in Europa centrale e orientale e in alcune parti dell'Asia. Qualche anno fa, il criceto di campagna era ancora diffuso in tutta la Germania ed era considerato una piaga, poiché viveva nei campi di grano locali e si nutriva in abbondanza. Oggi, il criceto di campo si trova solo in poche aree con popolazioni altrettanto ridotte. Il criceto di campagna ha esigenze elevate per il suo habitat. Ad esempio, il terreno deve contenere una quantità sufficiente di argilla e di loess. Da un lato, questo aumenta la resa delle colture che vi crescono e, dall'altro, le tane possono essere scavate più facilmente in questa composizione del terreno. Il criceto di campagna trascorre la maggior parte del giorno nella sua tana ed esce solo di notte per cercare il cibo.

Ci sono diverse ragioni per cui il criceto europeo è così minacciato. Un fattore importante è il cambiamento strutturale del paesaggio. Inizialmente, il criceto dei campi ha beneficiato dell'espansione dell'agricoltura, ma le monocolture di oggi e le macchine per la raccolta veloci e altamente efficienti sono troppo per il criceto dei campi e sono in parte responsabili del forte calo numerico. Inoltre, la coltivazione unilaterale, la mancanza di varietà nella rotazione delle colture e l'uso di pesticidi e fertilizzanti stanno danneggiando ulteriormente il criceto. Un altro problema per il criceto di campagna è la crescente impermeabilizzazione delle aree durante la costruzione di strade o di nuove aree industriali. Di conseguenza, il potenziale habitat del criceto di campagna viene completamente perso. La frammentazione del paesaggio, anche a causa di strade o autostrade, rende quasi impossibile la migrazione degli individui all'interno e all'esterno delle singole popolazioni. Manca lo scambio genetico, il pool genetico si impoverisce e questo, a sua volta, ha un impatto negativo sui tassi di riproduzione dei criceti. Un'altra trappola mortale è il traffico. Il criceto europeo è una delle vittime più frequenti. Ciò è dovuto al suo comportamento difensivo nei confronti dei predatori.

Se un presunto nemico (in questo caso l'auto) si avvicina rapidamente, il piccolo criceto si alza sulle zampe posteriori, si fa grande e inizia a sibilare e a saltare contro il nemico, fedele al motto "l'attacco è la miglior difesa". Purtroppo, è meno probabile che questo sia d'aiuto con un'auto in avvicinamento. Anche la predazione gioca un ruolo importante. Il criceto europeo ha una serie di nemici naturali, come gli uccelli da preda, la volpe e il tasso. In una densità di popolazione sana, il rapporto tra predatori e prede è armonizzato e soggetto a fluttuazioni cicliche. In una popolazione che viene attaccata e i cui numeri di riproduzione non sono corretti, la perdita di ogni animale è tragica e porta la popolazione un po' più vicina all'estinzione.

Oggi esistono numerosi progetti che si sono prefissati il compito di arrestare il declino del numero di criceti e di consentire loro di coesistere con l'agricoltura moderna. Un progetto chiamato 'Feldhamsterland', ad esempio, lavora a stretto contatto con gli agricoltori locali che si offrono volontari per aiutare a proteggere il criceto europeo.

Ad esempio, il personale è a disposizione per fornire consigli e suggerire misure su come aiutare al meglio il criceto europeo in una determinata regione. Ma non è tutto: ci sono anche numerosi progetti in cui i criceti vengono allevati e reintrodotti in natura, e lo sviluppo delle popolazioni reintrodotte viene documentato per apprendere maggiori dettagli sulla specie.

Ma cosa possiamo fare per la biodiversità?
Molti degli animali in pericolo si trovano anche nei nostri giardini. Un progetto di giardino quasi naturale può aumentare enormemente la biodiversità.

• **Miscele di fiori per api, bombi e altri:** Ha un piccolo angolo libero nel suo giardino e non sa cosa farne? Perché non pensare di seminare un mini prato fiorito per gli insetti. La prossima estate vedrà che molti insetti saranno felici di accettare l'offerta.

• **Legno morto in giardino:** magari lasciate l'albero tagliato in giro o prendete una bella radice e decoratela in giardino. Questo non solo è bello, ma fornisce anche un habitat per numerosi insetti.

• **Hotel per insetti:** può acquistare i cosiddetti hotel per insetti, ma esistono anche ottime istruzioni per costruirne di propri. Questi offrono a numerosi insetti un luogo ideale per trascorrere l'inverno.

• **Robot tagliaerba:** questi robot sono particolarmente pericolosi per i ricci. I ricci vengono ripetutamente feriti da essi. Inoltre, un prato tagliato corto non offre alcun habitat. Quindi, se taglia un po' meno, può essere certo di avere più animali di tutti i tipi nel suo giardino.

• **Design naturale: in** generale, più il suo giardino è naturale, più gli animali vi troveranno un habitat. Se il suo giardino è ordinato e sterile, pochi animali vi si sentiranno a casa.

Inquinamento: cosa fare con i nostri rifiuti?

In Europa, ogni persona produce circa 500 kg di rifiuti ogni anno. Tuttavia, solo il 40% di questi viene riciclato, anche se è composto in gran parte da materiali riciclabili come plastica, carta e vetro. Un altro 40% viene inviato in discarica e il resto dei rifiuti prodotti viene incenerito. Ciò è particolarmente dannoso per l'ambiente, in quanto l'incenerimento dei rifiuti produce gas a effetto serra come la CO_2, che alimenta ulteriormente il cambiamento climatico. Inoltre, la bassa percentuale di riciclaggio significa che le già scarse risorse della Terra vengono sfruttate. Un altro problema è che troppe particelle di rifiuti finiscono nell'ambiente e le discariche, gli impianti di incenerimento dei rifiuti o i centri di riciclaggio vengono aggirati. Questi rifiuti nell'ambiente rappresentano un problema importante, soprattutto per la fauna selvatica, ma anche per interi ecosistemi. È chiaro che occorre produrre meno rifiuti in generale e aumentare la percentuale di riciclaggio.

RIFIUTI DI PLASTICA

Si stima che 150 milioni di tonnellate di rifiuti di plastica galleggino negli oceani e che ogni anno se ne aggiungano nove milioni di tonnellate. Nessuno sa se questa cifra sia realistica o meno, poiché la portata dell'inquinamento da rifiuti è immensa e difficile da stimare. Le correnti oceaniche fanno sì che i rifiuti di plastica si raccolgano nei cosiddetti vortici di spazzatura. Attualmente ci sono cinque enormi isole di plastica nel mare. La macchia di rifiuti più conosciuta è la "Great Pacific Garbage Patch" (GPGP), che si trova nella corrente del Pacifico settentrionale tra le Hawaii e la California. Con 1,6 milioni di metri^2 , questa chiazza di rifiuti è grande tre volte la Francia e ha un peso stimato di 100 milioni di tonnellate. Non bisogna dimenticare che questo vortice di rifiuti è costituito interamente da rifiuti.

La maggior parte dei tipi di plastica sono ricavati dal petrolio grezzo o dal gas e sono estremamente durevoli. Le parti in plastica rimangono in natura per diverse centinaia di anni, prima di iniziare a decomporsi lentamente. In questo contesto, la produzione di plastica monouso sembra non etica e sproporzionata, in quanto questi articoli hanno già raggiunto il loro scopo dopo un solo utilizzo e finiscono come rifiuti in natura, nelle discariche e negli inceneritori.

Si stima che più di 800 specie animali marine siano interessate dal problema della plastica. Ad esempio, scambiano le particelle di plastica per cibo e le mangiano. Lo stomaco è pieno, ma gli animali non riescono a digerire la plastica e alla fine muoiono di fame con lo stomaco pieno. Anche le particelle di plastica fibrosa, come le reti da pesca e molto altro, sono una trappola mortale. Gli animali vi rimangono impigliati e muoiono perché non sono in grado di liberarsi da soli. Ci sono anche problemi con i rifiuti di plastica che non sono immediatamente visibili. A seconda del tipo di plastica, vengono aggiunti plastificanti che si dissolvono gradualmente dalla plastica. Le particelle di plastica hanno anche la capacità di assorbire le tossine ambientali. Queste si raccolgono in superficie e avvelenano molti animali marini che ingeriscono queste particelle volontariamente o involontariamente.

Solo il 6% dei rifiuti di plastica galleggia sulla superficie dell'acqua, il che rende difficile stimare l'entità dell'inquinamento da rifiuti negli oceani. Il resto dei rifiuti affonda sul fondo marino con conseguenze imprevedibili a lungo termine. Galleggiando nell'acqua, la plastica diventa fragile e si rompe in particelle sempre più piccole. Questo non è affatto un processo di degradazione positivo.

IL PROBLEMA DELLE MICRO-PLASTICHE

Le microplastiche sono particelle solide di plastica sintetica di dimensioni inferiori a 5 mm. Le microplastiche possono essere create dalla decomposizione di pezzi di plastica più grandi (microplastiche secondarie). D'altra parte, le microplastiche sono anche prodotte direttamente in queste dimensioni per scopi industriali (microplastiche primarie). Le definizioni e i nomi delle plastiche di diverse dimensioni sono riportati di seguito:

- Megaplastica: parti in plastica con dimensioni superiori a 100 mm

- Macroplastica: parti di plastica con dimensioni superiori a 25 mm.

- Mesoplastica: parti in plastica di dimensioni comprese tra 5 e 25 mm.

- Microplastiche: parti di plastica con dimensioni comprese tra 0,0001 e 5 mm.

- Microplastiche primarie: pellet, fibre tessili, abrasione di pneumatici, microsfere nei cosmetici.

- Le microplastiche secondarie sono create dalla decomposizione di parti di plastica più grandi.

• Nanoplastica: parti in plastica con dimensioni inferiori a 0,0001 mm.

• Nanoplastica primaria: particelle nell'elettronica, nei prodotti biomedici o nelle vernici/lacche

• La nanoplastica secondaria viene creata dalla decomposizione di parti di plastica più grandi.

Non sono solo le microplastiche che si trovano negli oceani, nei fiumi e nei laghi in milioni di tonnellate. Le microplastiche si trovano ovunque, anche in luoghi dove non ci si aspetterebbe di trovarle. Hanno già raggiunto le regioni più remote del nostro pianeta, come l'Artico, l'Antartico e i laghi alpini. Le microplastiche vengono sparse nei campi con il letame, si trovano nella frutta e nella verdura, nell'acqua e persino nella birra. Infine, ma non meno importante, le microplastiche sono state rilevate anche nel corpo umano. Finora sono stati condotti solo pochi studi sugli effetti della plastica nel nostro corpo. Tuttavia, possiamo immaginare che, proprio come negli oceani, abbia effetti negativi anche sul nostro corpo.

LA PULIZIA DELL'OCEANO

Ocean Cleanup è un grande progetto lanciato da un giovane e impegnato olandese di nome Boyan Slat. Si è posto l'obiettivo di combattere l'inquinamento degli oceani con i rifiuti di plastica e ha quindi sviluppato un sistema di raccolta che raccoglie autonomamente la plastica dagli oceani. Diversi prototipi più piccoli sono già stati testati con successo e sono in uso. Il prossimo passo è quello di sviluppare un sistema in scala reale.

Il sistema consiste in un corpo galleggiante lungo 600 metri, realizzato con tubi di polietilene, a cui è attaccata una sorta di gonna per raccogliere i pezzi di plastica da profondità d'acqua fino a 3 metri. Il corpo galleggiante ha una forma a U e può quindi raccogliere e trattenere i pezzi di plastica come in una baia. Oltre a ripulire gli oceani, The Ocean Cleanup si occupa anche della rimozione e del riciclaggio dei rifiuti di plastica raccolti. Ciò significa che il 100% dei rifiuti di plastica provenienti dagli oceani viene riciclato.

Ma cosa possiamo fare?

• **Eviti i rifiuti di plastica:** Quando fa la spesa, cerchi di assicurarsi di acquistare prodotti senza imballaggi di plastica. Anche l'uso di sacchetti di plastica dovrebbe essere evitato. Forse si ricorderà di portare con sé i propri contenitori la prossima volta che si recherà al banco dei salumi o dei formaggi, per evitare le confezioni di plastica del negozio. In alcune grandi città, ci sono persino negozi che non utilizzano affatto imballaggi di plastica, per cui può anche utilizzare le sue scatole e i suoi contenitori per il pranzo. Approfitti di questa offerta.

• **Eviti la carta da imballaggio:** Si tratta di carta patinata, che non può essere riciclata come la carta normale. Forse dovrebbe semplicemente utilizzare un sacchetto regalo per il suo prossimo regalo o decorare lei stesso la carta normale.

• **Cosmetici con microplastiche:** i cosmetici sono qualcosa in cui non ci si aspetta di trovare microplastiche. Ma le microplastiche sono utilizzate soprattutto negli scrub per ottenere un effetto ruvido. Cerchi prodotti privi di microplastiche quando acquista cosmetici e articoli da toeletta.

• **Rifiuti nell'ambiente:** i rifiuti che sono già finiti nell'ambiente sono un problema importante. Forse ha con sé un sacchetto e può raccogliere i rifiuti e smaltirli nel bidone di casa. La natura la ringrazierà per questo.

• **Separazione dei rifiuti: si** assicuri che i rifiuti siano separati correttamente; se i rifiuti non possono essere selezionati nelle stazioni dei rifiuti, saranno inviati in discarica o all'incenerimento e non potranno essere riciclati.

• **The Ocean Cleanup:** forse sta cercando un progetto da sostenere in futuro. The Ocean Cleanup è un buon esempio di persone giovani e impegnate che hanno a cuore il futuro del pianeta.

Strategie e progetti futuri

IL CLIMA

Una delle più grandi minacce per l'umanità e la vita come la conosciamo è il cambiamento climatico. Bisogna fare qualcosa, e in fretta. Anche i politici lo riconoscono, ed è per questo che nel 2015 è stato lanciato l'Accordo di Parigi. Alla 21esima Conferenza sul Cambiamento Climatico di Parigi, 55 Paesi hanno firmato un accordo che stabiliva obiettivi climatici standardizzati. Oggi, tutti i Paesi del mondo, ad eccezione degli Stati Uniti, ne fanno parte. L'obiettivo principale dell'accordo è quello di limitare il riscaldamento globale causato dall'attività umana a ben al di sotto dei 2°C. I Paesi si impegnano inoltre a definire misure e contributi volontari per limitare il riscaldamento globale e a monitorarli. Gli altri Paesi le esamineranno e apporteranno le modifiche necessarie. Resta da vedere quali risultati produrrà questo accordo nei prossimi anni. La domanda è se gli impegni volontari e i contributi volontari al cambiamento climatico siano la strada giusta per salvare il nostro pianeta, vista la situazione attuale.

Come nasce il magico limite dei 2°C? Basta vedere cosa accadrebbe se la Terra si riscaldasse di 2°C: secondo le previsioni e le stime, il livello del mare si innalzerebbe, il che significherebbe la fine per molti Stati insulari, soprattutto quelli più piccoli. Inoltre, si stima che dieci milioni di persone nelle regioni costiere sarebbero sempre più colpite da inondazioni. Nella regione mediterranea e nell'Africa meridionale, invece, ci sarebbe una riduzione del 20-30% dell'acqua disponibile.

Ma l'obiettivo di rimanere al di sotto dei 2 °C è realistico? La Terra è già più calda di 1,1 °C oggi. A causa dell'inerzia del clima, inizialmente la temperatura continuerebbe a salire anche se le emissioni di gas serra venissero interrotte immediatamente. L'IPCC ha preparato un rapporto speciale per discutere ciò che è necessario per raggiungere gli obiettivi concordati. Ad esempio, le emissioni di gas serra devono essere ridotte del 45% entro il 2030 ed entro il 2050 le emissioni di gas serra devono essere pari a zero, ossia non devono essere emessi più gas serra di quelli che possono essere neutralizzati dagli ecosistemi.

Le conseguenze del cambiamento climatico di solito colpiscono coloro che hanno meno interessi in gioco. I Paesi di tutto il mondo hanno livelli diversi di emissioni di gas serra e stanno lavorando in modo diverso per ridurle. Purtroppo, però, il cambiamento climatico è globale e colpisce anche coloro che non hanno quasi nessuna parte nelle emissioni di gas serra. Il Bangladesh, ad esempio, ha un valore di CO_2 di un quarto di tonnellata pro capite all'anno. Purtroppo, gli abitanti del Paese stanno sentendo particolarmente gli effetti del cambiamento climatico sotto forma di innalzamento del livello del mare, con frequenti inondazioni dovute alla posizione bassa del Paese. I principali responsabili dell'attuale cambiamento climatico si trovano nei Paesi di vecchia industrializzazione. Il maggior produttore di CO_2 oggi è la Cina. Solo se tutti lavoreranno insieme e si

muoveranno nella stessa direzione, ci avvicine-
remo all'obiettivo di rimanere al di sotto dei 2°C.

AGRICOLTURA

L'agricoltura è particolarmente sotto pressione.
Entro il 2050, gli agricoltori dovranno probabilmente nutrire dieci miliardi di persone sulla
terra e fornire ulteriori materie prime per la bioenergia pulita, preferibilmente senza ricorrere a
pesticidi e fertilizzanti. Ma questo è un vicolo
cieco. In passato, lo sviluppo di fertilizzanti e pesticidi ha contribuito enormemente ad aumentare
la produttività agricola. Tuttavia, poiché gli effetti
dannosi per l'ambiente di questi prodotti sono or-
mai ben noti, il loro utilizzo non può essere aumentato ulteriormente e deve anzi essere ridotto.
Inoltre, anche lo spazio è esaurito, il che significa
che non è più possibile ampliare la superficie agricola - il secondo fattore che ha aumentato la produttività in passato. Le persone devono quindi
pensare a qualcosa di completamente nuovo per
raggiungere la prossima tappa nell'aumento della
produttività agricola. Ci sono due diverse strategie
che possono essere perseguite. C'è l'"ingegneria

genetica verde" rispetto all'ottimizzazione dell'agricoltura contadina. Ma cosa significa?

L'ingegneria genetica ha una pessima reputazione, ma le piante geneticamente modificate possono in realtà apportare enormi benefici. Un gene desiderato (segmento di DNA) di un organismo viene introdotto in un altro organismo, come le colture, utilizzando un vettore. Ad esempio, un gene del batterio *Bacillus thuringiensis* è stato trasferito nel cotone, in modo che le piante possano produrre una sostanza tossica per gli insctti. Gli insetti evitano queste piante, senza la necessità di continuare a usare pesticidi. La visione è quella di creare colture che siano in grado di affrontare meglio la crescente siccità e lo stress da siccità, nonché di utilizzare meglio l'azoto presente nel terreno. Entrambe le cose porterebbero a un enorme aumento della produttività. D'altra parte, c'è l'agricoltura biologica. L'obiettivo è quello di utilizzare i principi funzionali degli ecosistemi per aumentare la produttività. L'attenzione si concentra su un suolo sano, piante sane, animali sani e persone sane. Ma è sufficiente? Gli studi dimostrano che è possibile nutrire la popolazione mondiale in questo modo, ma il consumo di carne pro capite dovrebbe essere dimezzato. Attualmente, ogni persona mangia in media 37 kg di carne all'anno, e ogni tedesco ne mangia addirittura 60 kg.

ENERGIA

Sono due le strategie perseguite per garantire che l'energia a prezzi accessibili continui ad essere disponibile per tante persone sulla Terra in futuro: In primo luogo, un uso migliore e più efficiente dell'energia senza grandi perdite e, in secondo luogo, la sostituzione dei combustibili fossili con le energie rinnovabili. Tutta l'energia prodotta, sia da combustibili fossili che da energie rinnovabili, ha conseguenze e impatti sull'ambiente. Per questo motivo, la strategia di efficienza deve essere perseguita ulteriormente in futuro. Durante la conversione di varie forme di energia e durante il loro trasporto si verificano enormi perdite, che devono essere ridotte a tutti i costi. Un punto debole per queste perdite di energia è la generazione di elettricità nelle centrali termiche. Le centrali termiche hanno un'efficienza di solo il 39%, mentre gli impianti più moderni raggiungono il 53%.

Ciò significa che non viene utilizzata nemmeno la metà dell'energia generata in queste centrali. Il problema è la perdita di calore durante la conversione dell'energia, il cosiddetto calore residuo. L'obiettivo deve essere quello di poterlo utilizzare in futuro, e questo è esattamente ciò che si sta progettando. A tal fine, è necessario creare una rete di trasporto del calore e sostituire le grandi centrali elettriche centralizzate con centrali elettriche più piccole e più efficienti. Ciò consentirebbe alle famiglie vicine di utilizzare il calore di scarto dell'impianto sotto forma di riscaldamento locale o distrettuale.

Un altro punto sono le cosiddette centrali di calore ed energia combinate. In questo caso, l'elettricità non viene più acquistata esclusivamente dal fornitore di energia, ma può essere generata installando un sistema di riscaldamento con un motore speciale. Con questi piccoli impianti privati, i costi per l'infrastruttura di distribuzione del calore vengono eliminati. Questo è particolarmente vantaggioso anche per il clima, in quanto i lunghi percorsi di trasporto e le relative perdite di energia sono ridotti al minimo.

Bisogna anche prestare attenzione alla costruzione di case efficienti dal punto di vista energetico. In Germania, in una casa normale si utilizzano 150 kWh/m^2 per il riscaldamento. Nelle cosiddette case passive, questo valore può essere ridotto a soli 15 kWh/m^2 . Ciò si ottiene principalmente grazie a un involucro edilizio molto ben isolato e stretto. Inoltre, le finestre sono a triplo vetro. Un punto cruciale è il sistema di ventilazione con recupero di calore, dove è sufficiente riscaldare l'aria immessa. Durante la stagione calda, il recupero di calore dal sole e dagli apparecchi elettrici utilizzati è solitamente sufficiente.

ECOSISTEMI

Gli ecosistemi funzionanti sulla Terra sono la fonte della vita e anche la fonte della nostra prosperità. La maggior parte degli ecosistemi terrestri è già stata distrutta, il che rende ancora più importante che gli ecosistemi rimanenti rimangano funzionali. Questi devono resistere alla crescente pressione dell'utilizzo umano. Uno strumento importante in questo senso è la designazione di nuove aree protette. Ci devono essere più aree sulla terra in cui la protezione delle specie e degli habitat sia prioritaria rispetto agli interessi economici. È particolarmente importante proteggere i grandi habitat ancora funzionanti, come la regione amazzonica. Ma anche gli hotspot globali di specie devono essere protetti ulteriormente. Le dimensioni delle aree giocano un ruolo subordinato in questo caso. Tuttavia, i corridoi tra le aree protette sono importanti per garantire la connettività. Ciò consente agli individui di migrare all'interno e all'esterno, il che è particolarmente importante per la diversità genetica delle specie.

Non è troppo tardi

Non è troppo tardi per salvare il nostro pianeta e troppo presto per arrendersi, ma il semaforo è arancione scuro. Deve accadere qualcosa a livello globale e molti Paesi devono essere coinvolti per fare la differenza. Deve succedere qualcosa e rinunciare non è un'opzione. Dopo tutto, si tratta del nostro pianeta e della sua bellissima natura, che stiamo sfruttando e lentamente distruggendo. Occorre un ripensamento e tutti devono capire qual è la posta in gioco. Prima o poi, il mondo si riprenderà da ciò che gli abbiamo fatto. Ma nessuno sa se l'umanità farà ancora parte di questo mondo.

Non è troppo tardi, è nelle nostre mani. Insieme possiamo ottenere molto e insieme possiamo anche superare questa crisi. Se abbiamo a cuore il futuro dei nostri figli e dei loro figli, dobbiamo iniziare ad agire ora. Ognuno di noi è necessario. Ci sono piccole cose che possiamo fare per il nostro pianeta, ma dobbiamo essere disposti e aperti ad esse. Aiutiamo il nostro pianeta, perché abbiamo solo questo.

1ª edizione

Contatto: Psiana eCom UG/ Berumer Str. 44/ 26844 Jemgum

Design di copertina: Fenna Larsson

Foto di copertina: depositphotos.com